HOMELIES

PRONONCÉES

A LONDRES

en 1765.

DANS UNE ASSEMBLÉE

PARTICULIERE.

MDCCLXVII.

Iere. HOMELIE

SUR

L'ATHEISME.

PUiſſent mes paroles paſſer de mon cœur dans le votre ; puiſſe-je écarter les vaines déclamations, & n'être point un comédien en chaire, qui cherche à faire applaudir ſa voix, ſes geſtes & ſa fauſſe éloquence! Je n'ai pas l'inſolence de vous inſtruire ; j'éxamine avec vous la vérité. Voyons enſemble ce que la Raiſon, de concert avec l'intérêt du genre humain, nous ordonne de croire. Nous devons commencer par l'exiſtence d'un Dieu. Ce ſujet a été traité chez toutes les nations, il eſt épuiſé; c'eſt par cette raiſon là même que je vous en parle; car vous préviendrez tout ce que je vous dirai; nous nous affermirons enſemble dans la connoiſſance de notre premier devoir; nous ſommes ici des enfans aſſemblés pour nous entretenir de notre Père.

C'eſt une belle démarche de l'eſprit humain, un élancement divin de notre raiſon, ſi j'oſe ainſi parler, que cet ancien argument, *J'éxiſte : Donc quelque choſe exiſte de toute éternité.* C'eſt embraſſer tous les temps du premier pas & du premier coup d'œil. Rien n'eſt plus grand, mais rien n'eſt plus ſimple : cette vérité & auſſi démontrée que les propoſitions les plus claires de l'arithmétique & de la géométrie, elle peut étonner un moment un eſprit inattentif, mais elle le ſubjugue invinciblement le moment d'après; enfin elle n'a été niée par perſonne; car à l'inſtant qu'on réfléchit, on voit évidemment que ſi rien n'éxiſtoit de toute éternité, tout ſeroit produit par le néant; notre exiſtence

n'auroit nulle cauſe; ce qui eſt une contradiction abſurde.

Nous ſommes intelligentsj donc il y a une
intelligence éternelle. L'univers ne nous at-
teſte-t-il pas qu'il eſt l'ouvrage de cette intelligence. Si une ſimple maiſon bâtie ſur la
terre, ou un vaiſſeau qui fait ſur les mers le
tour de notre petit globe, prouve invinciblement l'exiſtence d'un ouvrier, le cours des
aſtres & toute la nature démontrent l'exiſtence de leur Auteur.

Non, me répond un partiſan de S T R A-
B O N ou de Z E N O N, le mouvement eſt
eſſentiel à la matière; toutes les combinai-
ſons ſont poſſibles avec le mouvement; donc
dans un mouvement éternel il falloit abſolu-
ment que la combinaiſon de l'univers actuel
eut ſa place. Jettez mille dez pendant l'é-
ternité, il faudra que la chance de mille ſur-
faces ſemblables arrive, & on aſſigne ce qu'on
doit parier pour & contre.

Ce ſophiſme a ſouvent étonné des eſprits
ſages & confondu les ſuperficiels. Mais ce
n'eſt après tout qu'un ſophiſme trompeur.

Premiérement, il n'y a nulle preuve que

le mouvement foit effentiel à la matiére ;
au contraire tous les fages conviennent qu'elle eft indifférente au mouvement & au re-
pos, & un feul atome ne remuant pas de
fa place détruit l'opinion de ce mouvement
effentiel.

Secondement, quand même il feroit néceffaire que la matière fut en émotion, comme il eft néceffaire qu'elle foit figurée, cela
ne prouveroit rien contre l'intelligence qui
dirige fon mouvement & qui modèle fes
diverfes figures.

Troifiémement, l'exemple de mille dez
qui amènent une chance eft bien plus étranger à la queftion qu'on ne croit. Il ne s'agit
pas de fçavoir fi le mouvement rangera dif-
féremment des cubes ; il eft fans doute très-
poffible que mille dez amènent mille fix ou
mille âs ; quoique cela foit très difficile.
Ce n'eft là qu'un arrangement de matiére
fans aucun deffein, fans organifation, fans
utilité. Mais que le mouvement feul produi-
fe des êtres pourvus d'organes dont le jeu
eft incomprehenfible ; que ces êtres produi-
fent leurs femblables ; que le fentiment de

la vue, qui au fonds n'a rien de commun avec les yeux, s'exerce toujours quand les yeux reçoivent les rayons qui partent des objets; que le fentiment de l'oüie qui eft totalement étranger à l'oreille, nous faffe à à tous entendre les mêmes fons, quand l'oreille eft frappée des vibrations de l'air; c'eft là le véritable nœud de la queftion; c'eft là ce que nulle combinaifon ne peut opérer fans un artifan; il n'y a nul raport des mouvements de la matiére au fentiment, encore moins à la penfée. Une éternité de tous les mouvements poffibles ne donnera jamais ni une fenfation nï une idée; & qu'on me le pardonne, il faut avoir perdu le fens ou la bonne foi, pour dire que le feul mouvement de la matiére fait des êtres fentans & penfans.

Auffi S p i n o s a, qui raifonnoit méthodiquement, avouoit-il qu'il y a dans le monde une intelligence univerfelle.

Cette intelligence, dit-il, avec plufieurs Philofophes, exifte néceffairement avec la matiére; elle en eft l'ame; l'une ne peut être fans l'autre. L'intelligence univerfelle brille dans les astres, nage dans les éléments, pense dans les hommes, végète dans les plantes. *Mens agitat molem & magno se corpore miscet.*

Ils sont donc forcés de reconnoître une Intelligence suprême ; mais il la font aveugle & purement mécanique ; ils ne la reconnoissent point comme un principe libre, & indépendant, & puissant.

Il n'y a selon eux qu'une seule substance ; & une substance n'en peut produire une autre. Cette substance est l'universalité des choses, qui est à la fois pensante, sentante, étendue, figurée.

Mais raisonnons de bonne foi : N'apercevons nous pas un choix dans tout ce qui existe ? Pourquoi y-a-il un certain nombre d'espèces ? Ne pourroit-il pas évidemment en exister moins ? Ne pourroit-il pas en exister davantage ? Pourquoi, dit le judicieux CLARKE, les planètes tournent-elles en un sens plutôt qu'en un autre ? J'avoue que parmi d'autres argumens plus forts, celui-ci me frappe vivement : Il y a un choix ; dont il y a un Maître qui agit par sa volonté.

Cet argument eſt encore combattu par nos adverſaires. Vous les entendez dire tous les jours, Ce que vous voyez eſt néceſſaire puiſqu'il éxiſte. Eh bien, leur répondrai je, tout ce qu'on pourra déduire de votre ſuppoſition; c'eſt que pour former le Monde il étoit néceſſaire que Dieu fît un choix, ce choix eſt fait; nous ſentons, nous penſons en vertu des raports que Dieu a mis entre nos perceptions & nos organes. Examinez d'un coté des nerfs & des fibres, de l'autre des penſées ſublimes, & avouez qu'un Etre ſuprême peut ſeul allier des choſes ſi diſſemblables.

Quel eſt cet Etre? Exiſte t-il dans l'immenſité? L'eſpace eſt-il un de ſes attributs? Eſt il dans un lieu; ou en tous lieux, ou hors d'un lieu? Puiſſe t-il me préſerver à jamais d'entrer dans ces ſubtilités métaphiſiques! J'abuſerois trop de ma foible raiſon, ſi je cherchois à comprendre pleinement l'Etre qui par ſa nature & par la mienne dóit m'être incompréhenſible. Je reſſemblerois à un inſenſé, qui ſachant qu'une maiſon a été bâtie par un architecte, croiroit que cette feule notion fuffit pour connoître à fonds fa perfonne.

Bornons donc notre infatiable & inutile curiofité ; attachons nous à notre véritable intérêt. L'Artifan fuprême qui a fait le monde & nous, eft-il notre Maître ? Eft il bienfaifant ? Lui devons nous de la reconnoiffance ?

Il eft notre Maître fans doute : Nous fentons à tous moments un pouvoir auffi invifible qu'irréfiltible. Il eft notre bienfaiteur ; puifque nous vivons. Notre vie eft un bienfait, puifque nous aimons tous la vie, quelque miférable qu'elle puiffe devenir. Le foutien de cette vie nous a été donné par cet Etre fuprême & incompréhenfible, puifque nul de nous ne peut former la moindre des plantes, dont nous tirons la nourriture qu'il nous donne, & puifque même nul de nous ne fait comment ces végétaux fe forment.

L'ingrat peut dire, qu'il falloit abfolument que Dieu nous fournit des aliments, s'il vouloit que nous exiftaffions un certain temps. Il dira, nous fommes des machines

qui se succèdent les unes aux autres, &
dont la pluspart tombent brisées & fracaſ-
ſées dès les premiers pas de leur carrière.
Tous les élements conſpirent à nous détruire
& nous allons par les ſouffrances à la mort.
Tout cela n'eſt que trop vrai. Mais auſſi
il faut convenir que s'il n'y avoit qu'un
ſeul homme qui eut reçu de la nature un
corps ſain & robuſte, un ſens droit, un
cœur honnête, cet homme auroit de grandes graces à rendre à ſon Auteur. Or certainement, il y a beaucoup d'hommes à qui
la nature a fait ces dons ; ceux là du moins
doivent regarder Dieu comme bienfaiſant.

A l'égard de ceux que le concours des
loix éternelles, établies par l'Etre des êtres,
a rendus miſérables, que pouvons nous faire, ſinon les ſécourir ? Que pouvons nous
dire, ſinon que nous ne ſavons pas pourquoi ils ſont miſérables.

Le mal inonde la terre : Qu'en inférerons
nous par nos foibles raiſonnements ? Qu'il
n'y a point de Dieu ? Mais il nous a été
démontré qu'il exiſte. Dirons-nous que ce
Dieu eſt méchant ? Mais cette idée eſt ab-

furde, horrible, contradictoire. Soupçon-
nerons-nous que Dieu est impuissant, & que
celui qui a si bien organisé tous les astres,
n'a pû bien organiser tous les hommes ? Cette supposition n'est pas moins iutolérable.
Dirons-nous qu'il y a un mauvais principe qui
altèrent les ouvrages d'un principe bienfaisant
ou qui en produit d'exécrables ? Mais pourquoi ce mauvais principe ne dérange-t-il
pas le cours du reste de la nature? Pourquoi s'acharneroit-il à tourmenter quelques
foibles animaux sur un globe si chétif, pendant qu'il respecteroit les autres ouvrages de
son ennemi? Comment n'attaqueroit-il pas
Dieu dans ces millions de mondes qui roulent réguliérement dans l'espace? Comment
deux Dieux, ennemi l'un de l'autre, se-
roient-ils chacun également l'Etre nécessai-
re? Comment subsisteroient-ils ensem-
ble?

Prendrons nous le parti de l'optimisme?
Ce n'est au fond que celui d'une fatalité
désespérante. Le Lord SCHAFSTERBURY,
l'un des plus hardis philosophes d'Angle-
terre, accrédita le premier ce triste sistê-

me. *Les loix* dit-il, *du pouvoir central & de la végétation ne feront point changées pour l'amour d'un chétif & foible animal, qui, tout protégé qu'il eft par ces mêmes loix, fera bientôt réduit par elles en pouffiére.*

L'illuftre Lord BOLINGBROCKE eft allé beaucoup plus loin; & le célèbre POPE a ofé redire, que le bien général eft compofé de tous les maux des particuliers.

Le feul expofé de ce paradoxe en démontre la fauffeté. Il feroit auffi raifonnable de dire, que la vie eft le réfultat d'un nombre infini de morts, que le plaifir eft formé de toutes les douleurs, & que la vertu eft la fomme de tous les crimes.

Le mal phifique & le mal moral font l'effet de la conftitution de ce monde, fans doute; & cela ne peut être autrement. Quand on dit que *tout eft bien*, cela ne veut dire autre chofe finon, que tout eft arrangé fuivant des loix phifiques; mais affurément tout n'eft pas bien pour la foule innombrable des êtres qui fouffrent, & de ceux qui font fouffrir les autres. Tous les moraliftes l'avouent dans leurs difcours; tous les hommes le crient dans les maux dont ils font les victimes.

Quel exécrable foulagement prétendez-vous donner à des malheureux perfécutés, & calomniés, expirans dans les tourmens, en leur difant: *Tout eft bien; vous n'avez rien à efpérer de mieux.* Ce feroit un difcours à tenir à ces êtres qu'on fuppofe éternellement coupables, & qu'on dit néceffairement condamnés avant le tems à des fupplices éternels.

Le Stoïcien, qu'on prétend avoir dit dans un violent accès de goute, *Non la goute n'eft point un mal*, avoit un orgueil moins abfurde que ces prétendus philofophes, qui dans la pauvreté, dans la perfécution, dans le mépris, dans toutes les horreurs de la vie la plus miférable, ont encore la vanité de crier, *Tout eft bien.* Qu'ils aient de la réfignation, à la bonne-heure, puifqu'ils feignent de ne vouloir pas de compaffion; mais qu'en fouffrant, & en voyant prefque toute la terre fouffrir, ils difent, *Tout eft bien fans aucune efpérance de mieux;* c'eft un délire déplorable.

Supoferons nous enfin, qu'un Etre fuprême, néceffairement bon, abandonne la terre
à quelque être fubalterne qui la ravage, à
un géolier qui nous met à la torture? Mais
c'eft faire de Dieu un tiran lâche, qui,
n'ofant commettre le mal par lui-même,
le fait continuellement commettre par fes
efclaves.

Quel parti nous refte-t-il donc à pren-
dre? N'eft-ce pas celui que tous les Sages
de l'antiquité embrafferent, dans les Indes,
dans la Caldée, dans l'Egypte, dans la
Grèce, dans Rome; celui de croire que
Dieu nous fera paffer de cette malheureufe
vie à une meilleure, qui fera le dévelopement de notre nature. Car enfin il eft clair
que nous avons éprouvé déja différentes
fortes d'exiftence. Nous étions, avant qu'un
nouvel affemblage d'organes nous contint
dans la matrice; notre être pendant neuf
mois fut très différent de ce qu'il étoit auparavant; l'enfance ne reffembla point à
l'embrion; l'âge mur n'eut rien de l'enfance: La mort peut nous donner une maniére
différente d'exifter.

Ce n'eft là qu'une efpérance, me crient des infortunés, qui fentent & qui raifonnent; vous nous renvoyez à la boëte de Pandore; le mal eft réel, & l'efpérance peut n'être qu'une illufion; le malheur & le crime affiégent la vie que nous avons; & vous nous parlez d'une vie que nous n'avons pas, que nous n'aurons peut-être pas, & dont nous n'avons aucune idée. Il n'eft aucun raport de ce que nous fommes aujourd'hui, avec ce que nous étions dans le fein de nos mères: Quel raport pourions nous avoir dans le fépulcre avec notre exiftence préfente?

Les Juifs, que vous dites avoir été conduits par Dieu même, ne connurent jamais cette autre vie. Vous dites que Dieu leur donna des loix, & dans ces loix il ne fe trouve pas un feul mot qui annonce les peines & les récompenfes après la mort. Ceffez donc de préfenter une confolation chimérique à des calamités trop véritables.

Mes Frères, ne répondons point encore en chrétiens à ces objections douloureufes; il n'eft pas encore temps. Commençons à les réfuter avec les Sages, avant de les con-
fondre

fondre par le secours de ceux qui sont au-
dessus des Sages mêmes.

Nous ignorons ce qui pense en nous, &
par conséquent nous ne pouvons sçavoir si
cet être inconnu ne survivra pas à notre
corps; il se peut phisiquement qu'il y ait en
nous une monade indestructible, qui sub-
siste éternellement, sous des aparences di-
verses. Je ne dirai pas que cela soit démontré; mais sans vouloir tromper les hommes
on peut dire, que nous avons autant de
raisons de croire que de nier l'immortalité
de nos ames. Si les Juifs ne l'ont point
connue autrefois, ils l'admettent aujourd'hui.
Toutes les nations policées sont d'accord sur
ce point. Cette opinion si ancienne & si
générale, est la seule qui puisse justifier la
Providence. Il faut reconnoître un Dieu
rémunérateur & vengeur, ou n'en point
reconnoître du tout. Il ne paroit pas qu'il
y ait de milieu : Ou il n'y a point de Dieu,
ou Dieu est juste. Nous avons une idée de
la justice, nous, dont l'intelligence est si bor-
née: comment cette justice ne seroit - elle
pas dans l'Intelligence Suprême ? Nous sen-

tons combien il feroit abfurde de dire que Dieu eft ignorant, qu'il eft foible, qu'il eft menteur : Oferons - nous dire qu'il eft cruel? Il vaudroit mieux s'en tenir à la néceffité fatale des chofes ; il vaudroit mieux n'admettre qu'un deftin invincible, que d'admettre un Dieu qui auroit fait une feule créature pour la rendre malheureufe.

On me dit que la juftice de Dieu n'eft pas la notre. J'aimerois autant qu'on me dit que l'égalité de deux fois deux & quatre n'eft pas la même pour Dieu & pour moi. Ce qui eft vrai l'eft à mes yeux, comme aux fiens. Toutes les propofitions mathématiques font démontrées pour l'être fini, comme pour l'Etre infini. Il n'y a pas en cela deux différentes fortes de vrai. La feule différence eft probablement, que l'Etre infini comprend toutes les vérités à la fois, & que nous nous trainons à pas lents vers quelques unes. S'il n'y a pas deux fortes de vérités dans la même propofition, pourquoi y auroit - il deux fortes de juftice dans la même action ? Nous ne pouvons comprendre la juftice de Dieu que par l'idée que nous en avons. C'eft en qualité d'être penſants que nous connoiſſons le juſte & l'injuſte. Dieu infiniment penſant doit être infiniment juſte.

Voyons du moins, Mes Frères, combien cette croyance eſt utile, combien nous ſommes intéreſſés à la graver dans tous les cœurs.

Nulle ſociété ne peut ſubſiſter ſans récompenſe & ſans châtiment. Cette vérité eſt ſi ſenſible & ſi reconnue, que les anciens Juifs admettoient au moins des peines temporelles. *Si vous prévariquez*, dit leur loi, *le Seigneur vous enverra la faim & la pauvreté, de la pouſſiére au lieu de la pluye.... des démangeaiſons incurables au fondement..... des ulcères malins dans les genoux & dans les jambes.... Vous épouſerez une femme, afin qu'un autre couche avec elle &c.*

Ces malédictions pouvoient contenir un peuple groſſier dans le devoir. Mais il pouvoit arriver auſſi, qu'un homme coupable des plus grands crimes, n'eut point d'ulcères, & ne languit point dans la pauvreté & dans la famine. Salomon devint idolâtre, & il n'eſt point dit qu'il fut puni par aucun de ces fléaux. On fçait affez que la terre eft couverte de fcélerat, heureux, & d'innocents opprimés. Il fallut donc nécef-fairement recourir à la Théologie des nations plus nombreufes & plus polices, qui long-temps auparavant avoient pofé pour fonde-ment de leur Religion des peines & des récompenfes, dans le dévelopement de la nature humaine, qui eft probablement une vie nouvelle.

Il femble que cette doctrine foit un cri de la nature, que tous les anciens peuples avoient écouté, & qui ne fut étouffé qu'un temps chez les Juifs, pour retentir enfuite dans tout fa force.

Il y a chez tous les peuples qui font ufage de leur raifon des opinions univerfel-les, qui paroiffent empreintes par le Maître de nos cœurs. Telle eft la perfuafion de l'exiftence d'un Dieu, & de fa juftice mifé-ricordieufe : Tels font les premiers princi-pes de morale, qui font communs aux Chi-nois & aux Romains, & qui n'ont jamais varié; tandis que notre globe a été boule-verfé mille fois.

Ces principes font néceffaires à la confervation de l'efpèce humaine. Otez aux hommes l'opinion d'un Dieu vengeur & rémunérateur, SILLA & MARIUS fe baignent alors avec délices dans le fang de leurs concitoyens. AUGUSTE, ANTOINE & LEPIDE furpaffent les fureurs de SILLA. NERON ordonne de fang froid le meurtre de fa Mère. Il eft certain que la doctrine d'un Dieu vengeur étoit éteinte alors chez les Romains : L'Athéifme dominoit ; & il ne feroit pas difficile de prouver par l'hiftoire, que l'athéifme peut caufer autant de mal que les fuperftitions les plus barbares.

Penfez vous en effet qu'ALEXANDRE VI. reconnut un Dieu, quand pour agrandir le fils de fon incefte, il employoit tour à tour la trahifon, la force ouverte, le ftilet, la corde, le poifon ; & qu'infultant encore à la fuperftitieufe foibleffe de ceux qu'il affaffinoit, il leur donnoit une abfolution & des indulgences au milieu des convulfions de la mort. Certes il infultoit la Divinité, dont il fe moquoit, en même temps qu'il éxerçoit fur les hommes fes épouvantables barbaries.   B iij

Il fe peut, & il arrive trop fouvent, que la perfuafion de la juftice divine n'eft pas un frein à l'emportemenr d'une paffion. On eft alors dans l'ivreffe ; les remords ne viennent que quand la raifon a repris fes droits, mais enfin ils tourmentent le coupable. L'Athée peut fentir, au lieu de remords, cette horreur fecrète & fombre qui accompagne les grands crimes. La fituation de fon ame eft importune & cruelle ; un homme fouillé de fang n'eft plus fenfible aux douceurs de la fociété ; fon ame devenue atroce eft incapable de toutes les confolations de la vie ; il rugit en furieux mais il ne fe repent pas. Il ne craint point qu'on lui demande compte des proyes qu'il a déchirées ; il fera toujours méchant, il s'endurcira dans fes férocités. L'homme au contraire qui croit un Dieu rentrera en lui-même. Le premier eft un monftre pour toute fa vie, le fecond n'aura été barbare qu'un moment. Pourquoi ? C'eft que l'un a un frein l'autre n'a rien qui l'arrête.

Nous ne lifons point que l'Archevêque T R O L L qui fit égorger fous ces yeux tous les Magiftrats de *Stockolm* ait jamais daigné feulement feindre d'expier fon crime par la moindre pénitence. L'Athée fourbe , ingrat, calomniateur , brigand , fanguinaire , raifonne & agit conféquemment, s'il eft fur de l'impunité de la part des hommes. Car s'il n'y a point de Dieu, ce monftre eft fon Dieu à lui-même ; il s'immole tout ce qu'il défire , ou tout ce qui lui fait obftacle : Les priéres les plus tendres , les meilleurs raifonnements ne peuvent pas plus fur lui que fur un loup affamé de carnage.

Lorfque P I E IV. faifoit affaffiner les deux *Médicis* dans l'eglife de la réparade , au moment , ou l'on élevoit aux yeux du peuple le Dieu que ce peuple adoroit , P I E I V. tranquille dans fon palais n'avoit rien à craindre , foit que la conjuration réuffit , foit qu'elle échouat : Il étoit fur que les Florentins n'oferoient fe vanger , qu'il les excommunieroit en pleine liberté , & qu'ils lui demanderoient pardon à genoux d'avoir ofé fe plaindre.

Il eft très vraifemblable que l'Athéifme à été la philofophie de tons les hommes puiffants, qui ont paſſé leur vie dans ce cercle de crimes que les imbécilles appellent politique, coups d'état, art de gouverner.

On ne me perſuadera jamais qu'un Miniſtre célèbre crut agir en la préſence de Dieu, lorſqu'il faiſoi condamner à mort un des grands de l'Etat, par douze meurtriers en robe, qui étoient à ſes gages dans ſa propre maiſon de campagne & pendant qu'il ſe plongeoit dans la diſſolution avec ſes courtiſannes, à côté de l'appartement où ſes valets, décorés du nom de Juges, menaçoient de la torture l'innocent dont il ſavouroit déja la mort.

Il eſt vrai qu'il ſe peut faire que cet Athéiſme ne ſoit pas une perſuaſion pleine, une conviction lumineuſe, dans laquelle l'eſprit ſe repoſe ſans aucun doute, comme dans une démonſtration géométrique ; mais une demi perſuaſion, fortifiée par la rage d'une paſſion violente & par l'orgueil du pouvoir, tient lieu d'une conviction entiére. Les PHALARIS, les BUSIRIS (& il y en a dans toutes les conditions) ſe moquoient avec rai-

fon des fables de CERBERE & des EU-
MENIDES; ils voyoient bien qu'il étoit ridicule d'imaginer que THESÉE fut éternellement affis fur une efcabelle, & qu'un
vautour déchira toujours le foye renaiffant
de PROMETHÉE. Ces extravagances,
qui deshonoroient la Divinité, l'anéantif-
foient à leurs yeux. Ils difoient confufément
dans leur cœur : On ne nous a jamais dit
que des inepties fur la Divinité; cette Divinité n'eft donc qu'une chimère. Ils fou-
loient aux pieds une vérité confolante &
terrible, parce qu'elle étoit entourée de
menfonges.

O malheureux Théologiens de l'école,
que cet exemple vous apprenne à ne pas an-
noncer Dieu ridiculement : C'eft vous qui
par vos platitudes répandez l'Athéifme que
vous combattez; c'eft vous qui faites les
Athées de cour, auxquels il fuffit d'un argument fpécieux pour juftifier toutes leurs
horreurs. Mais fi le torrent des affaires, &
celui de leurs paffions funeftes, leur avoient
laiffé le temps de rentrer en eux-mêmes, ils
auroient dit : Les menfonges des prêtres

d'I s i s & des prêtres de C i b e l l e ne doivent m'irriter que contr'eux, & non pas contre la Divinité qu'ils outragent. Si le *Phlégeton* & le *Cocyte* n'exiftent point, cela n'empéche pas que Dieu éxifte. Je veux méprifer les fables, & adorer la Vérité. Si on m'a peint Dieu comme un tiran ridicule, je ne le croirai pas moins fage & moins jufte. Je ne dirai pas avec O r p h é e, que les ombres des hommes vertueux fe promènent dans les champs E l i s é e s; je n'admettrai point la métempficofe des Pharifiens encore moins l'anéantiffement de l'ame avec les Saducéens; je reconnoitrai une Providence éternelle, fans ofer déviner quels feront les moyens & les effets de fa miféricorde & de fa juftice. Je n'abuferai point de la raifon que Dieu m'a donnée, je croirai qu'il y a du vice & de la vertu, comme il y a de la fanté & de la maladie; & enfin, puis qu'un pouvoir invifible, dont je fens continuellement l'influence, m'a fait un être penfant & agiffant, je conclurrai que mes penfées & mes actions doivent être dignes de ce pouvoir qui m'a fait naître.

Ne nous diffimulons point ici qu'il y a eu des Athées vertueux. La fecte d EPI-CURE a produit de très honnêtes gens : EPICURE étoit lui-même un homme de bien, je l'avoue. L'inftinct de la vertu, qui confifte dans un tempéramment doux & éloigné de toute violence, peut très bien fubfifter avec une philofophie erronée. Les Epicuriens & les plus fameux Athées de nos jours, occupés des agréments de la fociété, de l'étude & du foin de poffeder leur ame en paix, ont fortifié cet inftinct qui les porte à ne jamais nuire, en renonçant au tumulte des affaires qui bouleverfent l'ame, & à l'ambition qui la pervertit. Il y a des loix dans la Société qui font plus rigoureufement obfervées que celles de l'Etat & de la Religion. Quiconque a payé les fervices de fes amis par une noire ingratitude ; quiconque à calomnié un honnête homme ; quiconque aura mis dans fa conduite une indécence révoltante, ou qui fera connu par une avarice fordide & impitoyable, ne fera point puni par les loix, mais il le fera par la fociété des honnêtes gens, qui porteront

contre lui un arrêt irrévocable de banniſſe-
ment ; il ne ſera jamais reçu parmi eux.
Ainſi donc un Athée de mœurs douces &
agréables, retenu d'ailleurs par le frein que
la ſociété des hommes impoſe, peut très bien
mener une vie innocente, heureuſe, hono-
rée. On en a vû des exemples de ſiècle en
ſiècle, depuis le célèbre ATTICUS, également ami de CESAR & de CICERON,
juſqu'au fameux Magiſtrat DES BARRAUX,
qui ayant fait attendre trop long-temps un
plaideur dont il raportoit le procès, lui paya
de ſon argent la ſomme dont il s'agiſſoit.

On me citera encore, ſi l'on veut, le
ſophiſme géométrique, SPINOSA, dont la
modération, le déſintéreſſement & la géné-
roſité ont été dignes d'EPICTETE. Mais
mettez ces doux & tranquilles Athées dans
de grandes places ; jettez les dans les fac-
tions, qu'ils ayent à combattre un CESAR
BORGIA, ou un CROMWEL, ou mê-
me un Cardinal DE RETZ, penſez vous
qu'alors ils ne deviendront pas auſſi méchants
que leurs adverſaires ? Voyez dans quelle
alternative vous les jettez ; ils feront des im-

béciles, s'ils ne font pas des pervers. Leurs ennemis les attaquent par des crimes ; il faut bien qu'ils fe défendent avec les mêmes ar_mes, ou qu'ils périffent. Certainement leurs principes ne s'oppoferont point aux affaffinats, aux empoifonnements qui leur paroîtront néceffaires.

Il eft donc démontré, que l'Athéifme peut tout - au - plus laiffer fubfifter les vertus fociales, dans la tranquile apathie de la vié privée ; mais qu'il doit porter à tous les crimes, dans les orages de la vie publique.

Une fociété particuliére d'Athées, qui ne fe difputent rien & qui perdent doucement leurs jours dans les amufements de la volupté, peut durer quelque temps fans trouble ; mais fi le monde étoit gouverné par des Athées, il vaudroit autant être fous l'empire immédiat de ces êtres infernaux qu'on nous peint acharnés contre leurs victimes. En un mot, des Athées qui ont en main le pouvoir, feroient auffi funeftes au genre humain que des Superftitieux. Entre ces deux monftres la raifon nous tend les bras, & ce fera l'objet de mon fecond difcours.

II^{de}. HOMELIE
SUR
LA SUPERSTITION.

Mes Freres!

VOus fçavez affez que toutes les nations bien connues ont établi un culte public. Si les hommes s'affemblèrent de tout temps pour traiter de leurs intéréts, pour fe communiquer leurs befoins, il étoit bien naturel qu'ils commençaffent ces affemblées par les témoignages de refpect & d'amour qu'ils doivent à l'Auteur de la vie. On a comparé ces hommages à ceux que des enfants préfentent à un Père, & des fujets à un Souverain. Ce font des images trop foibles du culte de Dieu : Les rélations d'homme à homme n'ont aucune proportion avec la

rélation de la créature à l'Etre Suprême :
L'infini les fépare. Ce feroit même un blafphême que de rendre hommage à Dieu fous
l'image d'un Monarque. Un Souverain de
la terre entière, s'il en pouvoit exifter un,
fi tous les hommes étoient affez malheureux pour être fubjugués par un homme,
ne feroit au fonds qu'un ver de terre,
commandant à d'autres vers de terre, &
feroit encore infiniment moins devant la
Divinité. Et puis dans les Républiques, qui
font inconteftablement antérieures à toute
Monarchie, comment auroit-on pu conce-
voir Dieu fous l'image d'un Roi? S'il fa-
loit fe faire de Dieu une image fenfible,
celle d'un Père, toute défectueufe qu'elle
eft, paroitroit peut être la plus convenable
à nôtre foibleffe.

Mais les emblêmes de la Divinité furent
une des premiéres fources de la fuperftition.
Dès que nous eûmes fait Dieu à nôtre
image, le culte divin fut perverti. Ayant
ofé repréfenter Dieu fous la figure d'un
homme, nôtre miférable imagination, qui
ne s'arrête jamais, lui attribua tous les vices

des hommes. Nous ne le regardames que comme un maître puiſſant, & nous le chargeames de tous les abus de la puiſſance ; nous le célébrames comme fier, jaloux, colère, vindicatif, bienfaiteur capricieux, deſtructeur impitoyable, dépouillant les uns pour enrichir les autres, ſans autre raiſon que ſa volonté. Nous n'avons d'idées que de proche en proche ; nous ne concevons preſque rien que par ſimilitude ; ainſi quand la terre fut couverte de tirans, on fit Dieu, le premier des tirans. Ce fut bien pis quand la Divinité fut annoncée par des emblêmes tirés des animaux & des plantes. Lieu devint bœuf, ſerpent, crocodile, ſinge, chat & agneau, broutant, ſiflant, bélant, dévorant & dévoré.

La ſuperſtition a été ſi horrible chez preſque toutes les nations, que s'il n'en exiſtoit pas encore des monumens, il ne ſeroit pas poſſible de croire ce qu'on nous en raconte. L'hiſtoire du monde eſt celle du fanatiſme.

Mais parmi les ſuperſtitions monſtrueuſes qui ont couvert la terre, y en a-t-il eu d'innocentes? Ne pourons nous point diſtin-

guer

entre des poisons dont on a sçu faire des remèdes, & des poisons qui ont conservé leur nature meurtriére? Cet exament mérite, si je ne me trompe, toute l'attentio n des esprits raisonnables.

Un homme fait du bien aux hommes ses frères; celui là détruit des animaux carnassiers; celui ci invente des arts par la force de son génie. On les voit par conséquent plus favorisés de Dieu que le vulgaire; on imagine qu'ils sont enfans de Dieu; on en fait des demi-Dieux après leur mort, des Dieux sécondaires. On les propose non seulement pour modèle au reste des hommes, mais pour objet de leur culte. Celui qui adore *Hercule* & *Persée* s'excite à les imiter. Des autels deviennent le prix du génie & du courage. Je ne vois là qu'une erreur dont il résulte un bien. Les hommes ne sont trompés alors que pour leur avantage. Si les anciens Romains n'avoient mis a u rang des Dieux sécondaires que des *Titus*, des *Trajans*, des *Marc-Auréles*, qu'aurions nous à leur reprocher?

C

Il y a l'infini entre Dieu & un homme.
D'acord; mais fi dans le filtême des anciens
on a regardé l'ame humaine comme une por-
tion finie de l'Intelligence infinie, qui fe
replonge dans le grand tout fans l'augmen-
ter; fi on fuppofe que Dieu habita dans
l'ame de *Marc-Auréle*, fi cette ame fut
fupérieure aux autres par la vertu pendant
fa vie, pourquoi ne pas fuppofer qu'elle eft
encore fupérieure quand elle eft dégagée de
fon corps mortel.

Nos fréres les Catholiques romains (car
tous les hommes font nos fréres) ont peuplé le
ciel de demi-Dieux, qu'ils appellent Saints.
S'ils avoient toujours fait d'heureux choix,
avouons fans détour que leur erreur eut été
un fervice rendu à la nature humaine. Nous
leur prodiguons les injures & le mépris,
quand ils fêtent un *Ignace*, chevalier de la
Vierge, un *Dominique*, perfécuteur, un
François, fanatique en démence, qui mar-
che tout nud, qui parle aux bêtes, qui
catéchife un loup, qui fe fait une femme
de neige. Nous ne pardonnons pas à *Jé-*
rome, traducteur favant, mais fautif, des

livres Juifs, d'avoir, dans son histoire des
Péres du désert, exigé nos respects pour
un *St. Pacôme*, qui alloit faire ses visites
monté sur un crocodile. Nous sommes sur-
tout saisis d'indignation, en voyant qu'à
Rome on a canonisé *Grégoire VII*, l'incen-
diaire de l'Europe.

Mais il n'en est pas ainsi du culte qu'on
rend en France au Roi *Louis IX*, qui fut
juste & courageux, & si c'est trop que de
l'invoquer, ce n'est pas trop de le revérer :
C'est seulement dire aux autres Princes,
imitez ses vertus.

Je vais plus loin : Je suppose qu'on ait
placé dans une basilique la statue du Roi
Henri IV, qui conquit son Royaume avec
la valeur d'*Alexandre* & la clémence de
Titus ; qui fut bon & compatissant, qui
sut choisir les meilleurs Ministres, & fut son
premier Ministre lui - même, je supose que
malgré ses foiblesses , on lui paye des hommages au dessus des respects qu'on rend à
la mémoire des grands hommes, quel mal
pourra - t - il en résulter ? Il vaudroit certainement mieux fléchir le genou devant lui,

que devant cette multitude de Saints incon-
nus , dont les noms même font devenus un
fujet d'oprobre , & de ridicule. Ce feroit
une fuperftition ; j'en conviens, mais une
fuperftition qui ne pouroit nuire, un entou-
fiafme patrioique , & non un fanatifme per-
nicieux. Si l'homme eft né pour l'erreur ,
fouhaitons lui des erreurs vertueufes.

La fuperftition qu'il faut bannir de la
terre eft celle qui, faifant de Dieu un Tiran,
invite les hommes à être Tirans. Celui qui
dit le premier qu'on doit avoir les réprou-
vés en horreur, mit le poignard à la main
de tous ceux qui oférent fe croire fidèles :
Celui qui le premier défendit toute com-
munication avec ceux qui n'étoient pas de
fon avis, fonna le tocfin des guerres civiles
dans toute la terre.

Je crois ce qui paroit impoffible à ma
raifon , c'eft - à dire , je crois ce que je ne
crois pas : Donc je dois hair ceux qui fe
vantent de croire une abfurdité contraire à
la mienne. Telle eft la logique des fuperftitieux , ou plûtôt, telle eft leur exécrable
démence. Adorer l'Etre fuprême, l'aimer,

le fervir, être utile aux hommes, ce n'eft rien; c'eft même felon quelques-uns une fauffe vertu qu'ils appellent un péché fplendide. Ainfi depuis qu'on fe fit un devoir facré de difputer fur ce qu'on ne peut entendre, depuis qu'on plaça la vertu dans la prononciation de quelques paroles inexplicables, que chacun voulut expliquer, les pays Chrêtiens furent un théâtre de difcorde & de carnage.

Vous me direz qu'on doit imputer cette pefte univerfelle à la rage de l'ambition, plûtôt qu'à celle du fanatifme. Je vous répondrai qu'on en eft redevable à l'une & à l'autre. La foif de la domination s'eft abreuvée du fang des imbéciles. Je n'afpire point à guérir les hommes puiffans de cette paffion furieufe d'affervir les efprits; c'eft une maladie incurable. Tout homme voudroit que les autres s'empreffaffent à le fervir; & pour être fervi mieux, il leur fera croire, s'il peut, que leur devoir & leur bonheur confiftent à être fes efclaves. Allez trouver un homme qui jouit de quinze à feize millions de revenus, & qui a dans l'Europe quatre ou cinq cent mille fujets difperfés, lefquels ne lui coutent rien, fans compter fes gardes & fa milice ; remontrez lui que le Chrift , dont il fe dit le Vicaire & l'imitateur ; a vécu dans la pauvreté & dans l'humilité , il vous répond que les tems font changés ; & pour vous le prouver il vous condamne à périr dans les flammes ; vous n'avez corrigé ni cet homme, ni un *Cardinal de Lorraine* , poffeffeur de fept Evêchés à la fois. Que fait - on alors ? On s'adreffe aux Peuples , on leur parle, & tout abrutis qu'ils font, ils écoutent, ils ouvrent à demi les yeux ; ils fecouent une partie du joug le plus aviliffant qu'on ait jamais porté ; ils fe défont de quelques erreurs, ils reprennent un peu leur liberté, cet appanage ou plûtôt cette effence de l'homme , dont on les voit dépouillés. Si on ne peut guérir les puiffans de l'ambition , on peut donc guérir les peuples de la fuperftition ; on peut donc en parlant , en écrivant, rendre les hommes plus éclairés & meilleurs.

Il eft bien aifé de leur faire voir ce qu'ils ont fouffert pendant quinze cent années.

Peu de perfonnes lifent, mais toutes peuvent entendre. Ecoutez donc, mes chers fréres, & voyez les calamités qui accablérent les générations paffées.

A peine les Chrétiens, refpirant en liberté fous CONSTANTIN, avoient trempé leurs mains dans le fang de la vertueufe VALERIE, fille, femme & mére de CÉSAR, & dans le fang du jeune CANDIDIEN fon fils, l'efpérance de l'Empire; à peine avoient ils (*) égorgé le fils de l'Empereur MAXIMIN, âgé de huit ans, & fa fille âgée de fept; à peine cet homme qu'on nous peint fi patiens, pendant deux fiécles, avoient ainfi fignalés leurs fureurs au commencement du quatriéme, que la controverfe fit naitre des difcordes civiles; qui fe fuccèdant les unes aux autres fans aucun moment de relâche, agitent encore l'Europe. Quels font les fujets de ces querelles fanguinaires? Des fubtilités, mes fréres dont on ne trouve pas le moindre mot dans l'Evangile. On veut favoir fi le *Fils* eft engendré, ou fait; s'il eft

(*) En 313.

C iiij

engendré dans le tems, ou avant le tems;
s'il eſt conſubſtantiel, ou ſemblable au Pére;
ſi la *monade de Dieu*, comme dit ATHA-
NASE, eſt trine en trois hipoſtaſes; ſi le St.
Eſprit eſt engendré, ou procédant; ou s'il
procède du Pére ſeul, ou du Pére & du
Fils; ſi JESUS eut deux volontés ou une
ou deux natures, une ou deux perſonnes.

Enfin, depuis la *conſubſtantiabilité* juſqu'à
la *tranſubſtantiation*, termes auſſi difficiles
à prononcer qu'à comprendre, tout a été
ſujet de diſpute, & toute diſpute a fait couler des torrens de ſang.

Ce ne ſont pas les peuples, mes fréres,
ce ne ſont pas les cultivateurs, les arti-
ſans ignorans & paiſibles qui ont élevé ces
querelles funeſtes. Il n'en eſt malheureuſe-
ment aucune dont les Théologiens n'ayent
été les auteurs. Des hommes nourris de vos
travaux, dans une heureuſe oiſiveté, enri-
chis de vos ſueur & de vôtre misère, com-
batirent à qui auroit le plus de partiſans &
le plus d'eſclaves, ils vous inſpirérent un
fanatiſme deſtructeur, pour être vos maîtres; ils vous rendirent ſuperſtitieux, non

pas pour que vous craigniſſiez Dieu davantage, mais afin que vous les craigniſſiez.

L'Evangile n'a pas dit à JAQUES & PIER-
RE, à BARTHELEMI, nagez dans l'opulen-
ce ! pavanez vous dans les honneurs ; mar-
chez entourés de gardes. Il ne leur a pas
dit non plus, troublez le monde par vos
queſtions incompréhenſibles. JESUS, mes
fréres, n'agita aucune de ces queſtions.
Voudriez vous être plus Théologiens que
celui que vous reconnoîſſez pour vôtre uni-
que Maître ? Quoi, il vous a dit : Tout
conſiſte à aimer Dieu, & ſon prochain, &
vous rechercheriez autre choſe ?

Y a t-il quelqu'un parmi vous ? Que dis-
je, y a-t-il quelqu'un ſur la terre qui puiſſe penſer que Dieu le jugera ſur des points
de Théologie & non pas ſur les actions ?

Qu'eſt-ce qu'une opinion théologique ?
C'eſt une idée qui peut être vraie ou fauſſe, ſans que la morale y ſoit intéreſſée. Il
eſt bien évident que vous devez être vertueux, ſoit que le St. Eſprit procède du
Pére par ſpiration, ou qu'il procède du
Pére & du fils. Il n'eſt pas moins évident

que vous ne comprendrez jamais aucune propofition de cette efpèce. Vous n'aurez jamais la plus légère notion comment JESUS avoit deux natures & deux volontés dans une perfonne. S'il avoit voulu que vous en fuffiez informés, il vous l'auroit dit. Je choifis ces exemples entre cent autres, & je paffe fous filence d'autres difputes, pour ne pas réveiller des playes qui faignent encore.

Dieu vous a donné l'entendement; il ne peut vouloir que vous le pervertiffiez. Comment une propofition dont vous ne pouvez jamais avoir d'idée pourroit-elle vous être néceffaire? Que Dieu, qui donne tout, ait donné à un homme plus de lumiéres, plus de talents qu'à un autre, cela fe voit tous les jours. Qu'il ait choifi un homme pour s'unir de plus près à lui qu'aux autres hommes, qu'il en ait fait le modèle de la raifon & de la vertu, cela ne révolte point notre bon-fens. Perfonne ne doit nier qu'il foit poffible à Dieu de verfer fes plus beaux dons fur un de fes ouvrages. On peut donc croire en JESUS, qui a enfeigné la vertu

& qui l'a pratiquée ; mais craignons qu'en voulant aller trop au de - là nous ne renverfions tout l'édifice.

Le fuperftitieux verfe du poifon fur les aliments les plus falutaires, il eft fon propre ennemi & celui des hommes. Il fe croira l'objet des vengeances éternelles, s'il a mangé de la viande un certain jour ; il penfe qu'une longue robe grife, avec un capuce pointu & une grande barbe, eft beaucoup plus agréable à Dieu qu'un vifage rafé & une tête qui porte fes cheveux, il s'imagine que fon falut eft attaché à des formules latines qu'il n'entend point ; il a élevé fa fille dans ces principes ; elle s'enterre dans un cachot dès qu'elle eft nubile ; elle trahit la poftérité pour plaire à Dieu ; plus coupable envers le genre humain, que l'Indienne qui fe précipite dans le bucher de fon mari après lui avoir donné des enfants.

ANACORETES des parties Méridionales de l'Europe, condamnés par vous - mêmes à une vie auffi objecte qu'affreufe, ne vous comparez pas aux pénitents du bord du Gange ; vos auftérités n'approchent pas de leurs supplices volontaires. Mais ne pensez pas que Dieu approuve dans vous ce que vous avouez qu'il condamne dans eux.

Le superstitieux est son propre bourreau : Il est encore celui de quiconque ne pense pas comme lui. La délation la plus infame, il l'appelle correction fraternelle ; il accuse la naïve innocence qui n'est pas sur ses régards, & qui dans la simplicité de son cœur n'a pas mis le sceau sur ces lèvres. Il la dénonce à des tyrans des ames , qui rient en même temps de l'accusé & de l'accusateur.

Enfin le superstitieux devient fanatique , & c'est alors que son zèle est capable de tous les crimes au nom du Seigneur.

Nous ne sommes plus, il est vrai, dans ces temps abominables où les parents & les amis s'égorgeoient ; où cent batailles rangées couvroient la terre de cadavres pour quelques argument de l'école : Mais des cendres de ce vaste incendie il renait tous les jours quelques étincelles ; les Princes ne marchent plus aux combats à la voix d'un Prêtre ou d'un Moine ; mais les citoyens se persécutent encore dans le sein des Villes, & la vie privée eft fouvent empoifonnée de la pefte de la fuperftition. Que diriez-vous d'une famille qui feroit toujours prête à fe battre, pour déviner de quelle maniére il faut faluer fon Pére? Eh , mes enfants , il s'agit de l'aimer : Vous le faluerez comme vous pourez. N'êtez-vous fréres que pour être divifés , & faudra-t-il que ce qui doit vous unir foit toujours ce qui vous fépare?

Je ne connois pas une feule guerre civile entre les Turcs pour la religion. Que dis-je , une guerre civile ? L'hiftoire n'a remarqué aucune fédition , aucun trouble parmi eux, excité par la controverfe. Eft-ce parce qu'ayant moins de prétextes de difputes ? Eft-ce parce qu'ils font nés moins inquiets & plus fages que nous? Ils ne s'informent pas de quelle Secte vous êtes, pourvû que vous payez exactement un tribut léger. Chrétiens Latins, Chrétiens Grecs , Jacobites , Monothélites , Cophtes , Proteftants , Réformes , tout eft bien venu chez eux , tandis qu'il n'y a pas trois nations chez les Chrétiens qui exercent cette humanité.

Enfin, mes fréres , JESUS ne fut point

fuperſtitieux, il ne fut point intolérant ; il n'a pas proferé une feule parole contre le culte des Romains , dont fa patrie était environnée. Imitons fon indulgence , & méritons qu'on en ait pour nous.

Ne nous effrayons pas de cet argument barbare fi fouvent répété : Le voici je crois dans toute fa force.

,, Vous croyez qu'un homme de bien peut ,, peut trouver grace devant l'Etre des êtres, ,, devant le Dieu de juſtice & de miféri- ,, corde, dans quelque tems, dans quelque ,, lieu, dans quelque religion qu'il ait con- ,, fumé fa courte vie ; & nous au contraire ,, nous affirmons qu'on ne peut plaire à Dieu ,, qu'en étant né parmi nous , ou en ayant été ,, enſeigné par nous : Il nous eſt démontré ,, que nous fommes les feuls dans le monde ,, qui ayons raifon. Nous favons que Dieu ,, étant venu fur la terre & étant mort du ,, dernier fuplice pour tous les hommes , il ne ,, veut pourtant avoir pitié que de nôtre petite ,, affemblée, & que même dans cette affem- ,, blée il n'y a que fort peu de perfonnes qui ,, pouront échaper à des peines éternelles,

„ Prenez donc le parti le plus fûr ; entrez
„ dans nôtre petite affemblée , & tâchez d'ê-
„ tre élu chez nous.

Remercions nos fréres qui nous tiennent ce
langage ; félicitons - les d'être certains que
tout l'Univers eft damné , hors un petit nombre d'entr'eux ; & croyons que nôtre fecte
vaut mieux que la leur , par cela feul qu'elle
eft plus raifonnable & plus compatiffante.
Quiconque me dit, *Penfe comme moi ; ou
Dieu te damnera , me dira bientôt, Penfe comme moi , ou je t'affaffinerai. Prions Dieu qu'il
adouciffe ces cœurs atroces , & qu'il infpire
à tous fes enfans des fentimens de fréres.
Nous voilà dans nôtre Isle où la fecte Epif-
copale domine depuis Douvre jufqu'à la petite riviére de Towede ; de là jufqu'à la der-
niére des Orcades le Présbitéranifme eft en
crédit , & fous ces deux Réligions régnantes
il y en a dix ou douze autres particuliéres.
Allez en Italie , vous trouverez le Defpo-
tifme papifte fur le trône. Ce n'eft plus la
méme chofe en France : Elle eft traitée à
Rome de demi hérétique. Paffez en Suiffe ,
en Allemagne , vous couchez aujourd'hui

dans une ville Calvinifte, demain dans une Papifte, après demain dans une Luthérienne. Allez jufqu'en Ruffie, vous ne voyez plus rien de tout cela. C'eft une Secte toute différente. La Cour y eft éclairée, à la vérité, une Impératrice Philofophe, l'Augufte CATHERINE a mis la raifon fur le trône, comme elle y a placé la magnificence & la générofité; mais le peuple de fes Provinces détefte également & Luthériens, & Calviniftes & Papiftes. Il ne voudroit ni manger avec aucun d'eux, ni boire dans le même verre. Or je vous demande, mes fréres, ce qui arriveroit, fi dans une affemblée de tous ces fectaires chacun fe croyoit autorifé par l'efprit divin à faire triompher fon opinion ? Ne voyez vous pas les épées tirées, les potences dreffées, les buchers allumés d'un bout de l'Europe à l'autre ? Quel eft donc celui qui a raifon dans ce cahos de difputes ? L'indulgeant, le tolérant, le bienfaifant. Ne dites pas qu'en prêchant la tolérance nous prêchons l'indifférence. Non, mes fréres celui qui adore Dieu, & qui fait du bien aux hommes n'eft point indifférent. Ce nom con-

vient

vient bien d'avantage au fuperftitieux, qui penfe que Dieu lui faura gré d'avoir proferé des formules inintelligibles, tandis qu'il eſt en effet très indifférent fur le fort de fon frére qu'il laiſſe périr fans fecours, ou qu'il abandonne dans la difgrace, ou qu'il flatte dans la profpérité. Plus le fuperftitieux fe concentre dans des pratiques & dans des croyances abſurdes, plus il a d'indifférence pour les vrais devoirs de l'humanité. Souvenonsnous à jamais d'un de nos charitables compatriotes: Il fondoit un Hôpital pour les vieillards dans fa Province; on lui demandoit fi c'étoit pour des Papiſtes, des Luthériens, des Presbytériens, des Quaċres, des Sociniens, des Anabatiſtes, des Méthodiſtes, des Mennonites ? Il répondit, Pour des hommes.

IIIᵉ. HOMELIE

SUR

L'INTERPRETATION

De l'ancien Teſtament.

MES FRERES!

LES Livres gouvernent le monde, ou du moins toutes les nations qui ont l'uſage de l'écriture ; les autres ne méritent pas qu'on les compte. Le *Zenda - Veſta*, attribué au premier *Zoroaſtre*, fut la loi des Perſans. Le *Védam* eſt encore celle des Brames. Les Egyptiens furent régis par les livres de *Thaut*. qu'on appella *le premier Mercure*. L'*Alco-ran*, ou le *Koran*, gouverne aujourd'hui l'Afrique, l'Egypte, l'Arabie, les Indes, une partie de la Tartarie, la Perſe entiére,

la Scythie dans la Cherfonèfe , l'Afie mi_
neure, la Sirie, la Thrace, la Theffalie
& toute la Grèce, jufqu'au détroit qui fépare Naples de l'Epire. Le Pentateuque
gouverne les Juifs ; & par une finguliére
providence il eft aujourd'hui nôtre règle.
Nôtre devoir eft de lire enfemble cet ouvrage divin, qui eft le fondement de notre
foi.

*Au commencement Dieu créa les Cieux &
la Terre. Et la Terre étoit fans forme & vui-
de ; les ténébres étoient fur la face de l'abime,
& l'efprit de Dieu fe mouvoit fur le deffus
des eaux. Et Dieu dit : Que la lumiere foit ;
& la lumiére fut. Et Dieu vit que la lumiére étoit bonne, & Dieu fépara la lumiére d'avec les ténèbres. Et Dieu nomma la lumiére, Jour ; & les ténèbres, Nuit. Ainfi
fut le foir , ainfi fut le matin ; ce fut le premier jour. Puis Dieu dit : Qu'il y ait une
étendue entre les eaux , & qu'elle fépare les
eaux d'avec les eaux. Dieu donc fit l'étendue,
& fépara les eaux d'avec les eaux qui font
au deffous de l'étendue, d'avec celles qui font
au deffus de l'étendue ; & il fut ainfi. Et*

Dieu nomma l'étendue, Cieux. Ainsi fut le soir, ainsi fut le matin, ce fut le second jour. Puis Dieu dit : Que les eaux qui sont au dessous des Cieux soient rassemblées en un lieu, & que le sec paroisse, & il fut ainsi.

Nous savons, mes fréres, que Dieu en parlant ainsi aux Juifs daigna se proportionner à leur intelligence encore grossiérè. Personne n'ignore que nôtre Terre n'est qu'un point, en comparaison de l'espace que nous nommons improprement le Ciel, dans lequel brille cette prodigieuse quantité de Soleils, autour desquels roulent des Planettes très supérieures à la nôtre. On sait que la lumiére n'a pas été faite avant le jour, & que nôtre lumiére vient du Soleil. On sait que l'étendue solide entre les eaux supérieures & les inférieures, étendue, qui à la lettre signifie firmament, est une erreur de l'ancienne phisique, adoptée par les Grecs. Mais puisque Dieu parloit aux Juifs il daignoit s'abaisser à parler leur langage. Personne ne l'auroit certainement entendu dans le désert d'Horeb ni ailleurs, s'il avoit dit: *Au commencement j'ai imprimé à toute la ma-*

tière une force centripète & une force centri-
fuge, qui furent les deux principes de l'arrangement de l'univers. J'ai ordonné que la
lumiére s'élançat de tous les Soleils, & par-
courut dix-huit millions de mille en une minute dans un espace non réfiftant. J'ai voulu
que les Astres pesassent les uns sur les autres,
en raison enverse du quarré de leur diftan-
ce &c.

Si l'éternel Géomètre s'étoit exprimé ainfi, il est certain que personne n'auroit com-
pris le moindre mot à ces sublimes vérités.
Il fallut donner des aliments grossiers, mais
salutaires, à un peuple grossier qui ne pouvoit être nourri que par de tels aliments.
Il semble que ce premier chapitre de la Ge-
nèse fut une allégorie, proposée par l'Esprit
Saint, pour être expliquée un jour par ceux
que Dieu daigneroit remplir de ses lumiéres.
C'est du moins l'idée qu'en eurent les prin-
cipaux Juifs, puisqu'il fut défendu de lire
ce livre avant vingt-cinq ans, afin que l'efprit des jeunes gens, disposé par les maîtres,
put lire l'ouvrage avec plus d'intelligence &
de respect.

D iij

Les Docteurs prétendoient donc qu'à la lettre, le Nil, l'Euphrate, le Tigre & l'Araxe, n'avoient pas en effet leurs sources dans le Paradis terreftre ; mais que ces quatre fleuves qui l'arrofoient fignifioient évidemment quatre vertus néceffaires à l'homme. Il étoit vifible felon eux, que la femme formée de la côte de l'homme étoit l'allégorie la plus frapante de la concorde inaltérable qui doit régner dans le mariage, & que les ames des époux doivent être unies comme leurs corps. C'eft le fimbole de la paix & de la fidélité qui doivent régner dans leur fociété.

Le Serpent qui féduifit Eve, *& qui étoit le plus rufé de tous les animaux de la terre*, eft, fi nous en croyons PHILON lui-même & plufieurs Péres, une expreffion figurée qui peint fenfiblement nos défis corrompus. L'ufage de la parole, que l'Ecriture lui prête, eft la voix de nos paffions qui parle à nos cœurs. Dieu emploie l'allégorie du Serpent, qui étoit très commune dans tout l'orient. Il paffoit pour fubtil, parce qu'il fe dérobe avec viteffe à ceux qui le pourfuivent, & qu'il s'élance avec adreffe fur ceux qui l'attaquent. Son changement de peau étoit le fimbole de l'immortalité. Les Egyptiens portoient un ferpent d'argent dans leurs proceffions. Les Phéniciens, voifins des déferts des Hébreux, avoient depuis long-temps la fable allégorique d'un Serpent qui avoit fait la guerre à l'homme & à Dieu. Enfin, le Serpent qui tenta Eve a été reconnu pour le Diable, qui veut toujours nous tenter & nous perdre.

Il eft vrai que la doctrine du Diable, tombé du ciel & devenu l'ennemi du genre humain, ne fut connue des Juifs que dans la fuite des fiécles; mais le divin auteur qui favoit bien que cette doctrine feroit un jour répandue, daignoit en jetter la femence dans les premiers chapitres de la Genèfe.

Nous ne connoiffons, à la vérité, l'hiftoire de la chûte des mauvais Anges que par ce peu de mots de l'Epitre de St. Jude : *Des étoiles errantes, à qui l'obfcurité des ténèbres eft refervée éternellement, defquelles Enoc, feptiéme homme après Adam a prophétife.* On a cru que ces étoiles errantes étoient

les Anges transformés en Démons malfai-
fants; & on fupplée aux prophéties d'E-
noc, feptiéme homme après Adam, lefquel-
les nous n'avons plus. Mais dans quelque
labirinthe que fe perdent les Savants, pour
expliquer ces miftères, il en réfulte touiours
que nous devons entendre dans un fens édi-
fiant tout ce qui ne peut-être entendu à la
lettre.

Mes Fréres, cherchons dans l'Ecriture ce
qui nous enfeigne la Morale & non la Phifique.

Que l'ingénieux CALMET emploie fa pro-
fonde fagacité & fa pénétrante dialectique à
trouver la place du Paradis terreftre; con-
tentons nous de mériter, fi nous pouvons,
le Paradis célefte, par la juftice, par la tolérance, par la bienfaifance.

*Et quant à l'arbre de la fcience du bien &
du mal, tu n'en mangeras point, car le jour
que tu en mangeras tu mourras de mort.* (*).

Les Interprètes avouent qu'on n'a jamais
connu aucun arbre qui donnat de la fcience. Adam ne mourut point de mort le jour

(*) *Gen.* II, 17.

qu'il en mangea ; il vécut encor neuf cent trente années, dit la Sainte Ecriture. Hélas ! que font neuf siécles entre deux éternités ! Ce n'est pas même une minute dans le temps, & nos jours passent comme l'ombre. Mais cette allégorie ne nous dit-elle pas clairement, que la science mal entendue est capable de nous perdre ? L'arbre de la science porte sans doute des fruits bien amers, puisque tant de savans Théologiens ont été persécuteurs ou persécutés, & que plusieurs son morts d'une mort épouvantable. Ah ! mes frères, l'Esprit Saint a voulu nous faire voir combien une fausse science est dangereuse, combien elle enfle le cœur, & à quel point un Docteur est souvent absurde.

C'est de ce passage que *St. Augustin* conclut l'imputation faite à tous les hommes de la désobéissance du premier. C'est lui qui dévelopa la doctrine du péché originel, soit que la souillure de ce péché ait corrompu nos corps, soit que les ames qui entrent dans nos corps en soient abreuvées ; mistère en tout point incompréhensible, mais qui nous avertit du moins de ne point vivre dans le crime, fi nous fommes nés dans le crime.

Et l'Eternel mit une marque fur Caïn, afin que quiconque le trouveroit ne le tuat point (*). C'eft ici fur-tout, mes Eréres, que les Péres font oppofés les uns aux autres. La famille d'Adam n'étoit pas encore nombreufe ; l'Ecriture ne lui donne d'autres enfans qu'*Abel & Caïn*, dans le temps que ce premier fut affaffiné par fon frére. Comment Dieu eft-il obligé de donner une fauvegarde à *Caïn* contre tous ceux qui pourront le taxer ? Remarquons feulement, que Dieu pardonne à *Caïn* un fratricide, après lui avoir donné fans doute des remords. Profitons de cette leçon ; ne condamnons pas nos fréres aux plus épouvantables fupplices, pour des caufes légères ; Quand Dieu daigne avoir de l'indulgence pour un meurtre abominable, imitons le Dieu de miféricorde. On nous objecte, que Dieu en pardonnant à un cruel meurtrier, damne tous les hommes pour la tranfgreffion d'Adam, qui n'étoit coupable que d'avoir mangé d'un fruit défendu. Il femble à nôtre foible rai-

fon que Dieu foit injufte en favorifant éternellement tous les enfans de ce coupable,
non pas pour expier un fratricide, mais pour
une défobéiffance. C'eft, dit-on, une contradiction intolérable qu'on ne peut admettre dans l'Etre infiniment bon. Mais cette
contradiction n'eft qu'apparente. Dieu, en
nous livrant aux flammes pour la défobeïf-
fance d'Adam, nous envoye, quatre mille
ans après JESUS-CHRIST pour nous déli-
vrer; & il conferve la vie à Caïn pour peu-
pler la terre; ainfi il eft par tout le Dieu
de juftice & de miféricorde. ST. AUGUSTIN
appelle la faute d'Adam une faute heureufe; mais celle de Caïn fut plus heureufe
encore, puifque Dieu prit foin de lui mettre lui même un figne, qui étoit une marque de fa protection.

*Tu feras le comble de l'Arche d'une cou-
dée de hauteur* &c. (*) Nous voici parve-
nus au plus grand des miracles, devant lequel il faut que la raifon s'humilie, & que
le cœur fe brife. Nous favons affez avec
quelle audace dédaigneufe les Incrédules

(*) *Gen. VI*, 16. &c.

s'élèvent contre le prodige d'un Déluge universel.

C'est en vain qu'ils objectent que dans les années les plus pluvieuses, il ne tombe pas trence pouces d'eau sur la terrre pendant une année ; que même pendant cette année il y a autant de terreins qui n'ont point reçu la pluye, qu'il y en a d'inondés ; que la loi de la gravitation empêche l'Océan de franchir ses bornes ; que s'il couvroit la terre il laisseroit son lit à sec, qu'en couvrant la terre il ne pourroit surpasser le sommet des montagnes de quinze coudées ; que les animaux qui entroient dans l'Arche ne pouvoient venir d'Amérique ni des terres australes ; que sept paires d'animaux purs, & deux paires d'animaux impurs pour chaque espèce n'auroient pû être contenus seulement dans lvingt arches ; que ces vingt arches n'auroient pu contenir tout le fourage qu'il leur falloit, non seulement pendant dix mois, mais pendant l'année suivante, année pendant laquelle la terre trop abreuvée ne pouvoit rien produire ; que les animaux voraces, qui se nourrissent de chair, feroient péris faute de nourriture ; que huit perfonnes qui étoient dans l'Arche n'auroient pu fuffire à diftribuer aux animaux leur pâture journaliére. Enfin, ils ne tariffent point fur les difficultés ; mais on lève toutes ces difficultés en leur faifant voir que ce grand événement eft un miracle, & dès lors toute difpute eft finie.

Or ça, batiffons une Ville & une Tour, de laquelle le fommet foit jufqu'au Cieux, & acquérons nous de la réputation, de peur que nous ne foyons difperfés par toute la terre. (*).

Les Incrédules prétendent qu'on peut avoir de la réputation & être difperfé. Ils demandent, fi les hommes ont pu jamais être affez infenfés pour vouloir bâtir une Tour qui s'élevat jufqu'au ciel. Ils difent que cette Tour ne s'élève que dans l'air, & fi par l'air on entend le Ciel, elle fera néceffairement dans le Ciel, ne fut elle haute que de vingt pieds : Que fi tous les hommes alors parloient la même langue, ce qu'ils pouvoient faire de plus fage étoit de fe réunir dans la même Ville, & de préve-

(*) *Gen. XI.* 4.

nir la corruption de leur langage. Ils étoient apparemment tous dans leur patrie, puifqu'ils étoient tous d'accord pour y bâtir. Les chaffer de leur patrie eft tirannique: leur faire parler de nouvelles langues tout d'un coup eft abfurde. Par conféquent, difent-ils, on ne peut regarder l'hiftoire de la Tour de Babel que comme un conte Oriental.

Je réponds à ce blafphême, que ce miracle étant écrit par un auteur qui a rapporté tant d'autres miracles, doit être cru comme les autres. Les œuvres de Dieu ne doivent reffembler en rien aux œuvres des hommes. Les fiécles des Patriarches & des Prophêtes ne doivent tenir en rien des fiécles des hommes ordinaires. Dieu qui ne defcend plus fur la terre, y defcendoit alors fouvent pour voir lui même fes ouvrages. En un mot, la Tour de Babel n'eft pas plus extraordinaire que tout le refte. Le Livre eft également autentique dans toutes fes parties: On ne peut nier un fait fans nier tous les autres; il faut foumettre fa raifon orgueilleufe, foit qu'on life cette hiftoire comme véridique, foit qu'on la regarde comme un emblême.

*Et en ce jour, le Seigneur traita alliance avec Abraham, en difant: J'ai donné à ta poftérité ce pays, depuis le fleuve d'Egypte juf- qu'à l'Euphrate. (*).*

Les Incrédules triomphent, de voir que les Juifs n'ont jamais poffedé qu'une partie de ce que Dieu leur a promis. La parole de Dieu, difent - ils, ne peut - être trompeufe. Non, mais la parole de Dieu peut être con- ditionnelle. Les péchés des Juifs les ont pri- vés de toutes les bénédictions dont Dieu les combloit. Combien de fois les Prophêtes n'ont - ils pas promis que toutes les nations viendroit adorer à Jérufalem ! Cependant les nations n'y font venues que pour la dé- truire, & pour mettre les Juifs en efclava- ge. Il en eft des Juifs comme des autres nations, que Dieu peut combler de fes bon- tés ou de fes vengeances, felon fa miféri- corde ou fa juftice.

Or fur le foir deux Anges vinrent à So- done &c. (a) C'eft ici une pierre de fcan-

(*) *Gen. XV*, 18.
(a) *Gen. XIX. tout entier.*

dale pour les examinateurs qui n'écoutent que leur raifon. Deux Anges, c'eft à-dire deux créatures fpirituelles, deux miniftres céleftes de Dieu, qui ont un corps terreftre, qui infpirent des défirs infâmes à toute une ville, & même aux vieillards : Un pére de famille qui veut proftituer fes deux filles, pour fauver l'honneur de ces deux Anges : Une ville changée en un lac par le feu : Une femme métamorphofée en une ftatue de fel : Deux filles qui trompent & qui ennivrent leur pére, pour commettre un incefte avec lui, de peur, difent-elles, que fa race ne périffe ; tandis qu'elles ont tous les habitans de la ville de *Thfoar*, parmi lefquels elles peuvent choifir ! Tous ces événemens raffemblés forment une image révoltante. Mais fi nous fommes raifonnables, nous conviendrons avec ST. CLEMENT *d'Alexandrie.*, & avec tous les Péres qui l'ont fuivi, que tout eft ici allégorique.

Souvenons nous que c'étoit la manière d'écrire de tout l'Orient. Les paraboles furent fi longtemps eu ufage, que l'auteur de toute vérité quand il vint fur la terre

ne

ne parla aux Juifs qu'en paraboles.

Les paraboles compofent toute la Théologie prophane de l'antiquité. *Saturne* qui dévore fes enfans, eft vifiblement le temps qui détruit fes propres ouvrages. *Minerve* eft la fageffe ; elle eft formée dans la tête du Maître des Dieux. Les flêches de l'enfant *Cupidon* & fon bandeau ne font que des figures trop fenfibles. Tout n'eft pas allégorie dans la théologie payenne : Tout ne l'eft pas non plus dans l'hiftoire facrée du peuple Juifs. Les Péres diftinguent ce qui eft purement hiftorique ou purement parabole, & ce qui eft mêlé de l'un & de l'autre. Il eft difficile, j'en conviens, de marcher dans ces chemins efcarpés; mais pourvu que nous apprenions à nous conduire dans le chemin de la vertu, qu'importe celui de la fcience ?

Le crime que Dieu punit ici eft horrible : Que cela nous fuffife. La femme de Loth eft changée en ftatue de fel, pour avoir regardé derrière elle. Modérons les emportements de nôtre curiofité. En un mot, que toutes les hiftoires de l'Ecriture fervent à nous rendre meilleurs, si elles ne nous rendent pas plus éclairés.

Il y a, ce me semble, mes fréres, deux maniéres d'interprêter figurément & dans un sens mistiques les Saintes Ecritures : La première, qui est incontestablement la meilleure est celle de tirer de tous les faits des instructions pour la conduite de la vie. Si *Jacob* semble faire une injustice à son frére *Esaü*, s'il trompe son beau pére *Laban*, conservons la paix dans nos familles, & agissons avec justice envers nos parents. Si le Patriarche *Ruben* deshonore le lit de son pére *Jacob*, ayons cette inceste en horreur. Si le Patriarche *Juda* commet un inceste encore plus odieux avec *Thamar* sa belle fille, n'en ayant que plus d'aversion pour ces iniquités. Lisons enfin toute la Bible dans cet esprit : Elle inquiète celui qui veut être savant ; elle console celui qui ne veut être qu'homme de bien.

L'autre manière de développer le sens caché des Ecritures est celle de regarder chaque événement comme un emblême historique & physique. C'est la méthode qu'ont

employée ST. CLEMENT, le grand ORIGE-
NE, le refpectable ST. AUGUSTIN, & tant
d'autres Péres. Selon eux le morceau de
drap rouge que la proftituée *Rahab* pend à
fa fenêtre eft le fang de JESUS-CHRIST. *Moïfe*
étendant les bras annonce le figne de la
croix. *Juda* liant fon anon à la vigne, figure l'entrée de JESUS-CHRIST dans Jérufalem. ST. AUGUSTIN compare l'arche de
Noé à JESUS. ST. AMBROISE, dans fon livre feptiéme *de Arca*, dit que la petite porte de dégagement pratiquée dans l'arche fignifie l'ouverture par laquelle l'homme jette
la partie groffière des aliments. Quand même toutes ces explications feroient vrayes,
quel fruit en pourrions nous retirer ? Les
hommes en feront-ils plus juftes, quand ils
fauront ce que fignifie la petite porte de
l'arche ? Cette méthode d'expliquer l'Ecriture Sainte n'eft qu'une fubtilité de l'efprit;
& elle peut nuire à la fimplicité du cœur.

Ecartons tous les fujers de difpute, qui
divifent les nations, & pénétrons nous des
fentiments qui les réuniffent. La foumiffion
à Dieu, la refignation, la juftice, la bon-

té , la compaſſion , la tolérance , voila les grands principes. Puiſſent tous les Théologiens de la terre vivre enſemble comme les commerçants , qui, ſans examiner dans quel pays ils ſont nés , dans quelles pratiques ils ont été nourris , ſuivent entre eux les régles inviolables de l'équité , de la fidélité , de la confiance réciproque: Ils ſont par ces principes les liens de toutes les nations. Mais ceux qui ne connoiſſent que leurs opinions , & qui condamnent toutes les autres; ceux qui croient que la lumiére ne luit que pour eux , & que les autres hommes marchent dans les ténébres ; ceux qui ſe feroient un ſcrupule de communiquer avec les Religions étrangères , ceux là ne méritent ils pas le titre d'ennemis du genre humain? Je finirai tous mes diſcours par vous faire ſouvenir que tous les hommes ſont fréres.

IVᵉ. HOMELIE

SUR

L'INTERPRETATION

Du Nouveau Testament.

MES FRERES!

IL est dans le nouveau Testament, comme dans l'Ancien, des profondeurs qu'on ne peut fonder, & des sublimités où la foible raison ne peut atteindre. Je ne prétends ici ni concilier les Evangiles, qui semblent quelquefois se contredire, ni expliquer des mystères, qui, de cela même qu'ils sont mystères, doivent être inexplicables. Que des hommes plus savants que moi examinent si la Ste. famille se transporta en Egypte après le massacre des enfants de Bethléem, selon

St. Mathieu, ou fi elle, refta en Judée, felon *St. Luc*; qu'ils recherchent fi le père de Jofeph s'appelloit *Jacob*, fon grand père *Matham*, fon bifayeul *Eléafar*, ou bien fi fon bifayeul étoit *Lévi*, fon grand père *Matat* & fon père *Heli*; qu'ils difpofent felon leurs lumiéres de cet arbre généalogique; c'eft une étude que je refpecte. J'ignore fi elle éclairera mon efprit; mais je fais bien qu'elle ne peut parler à mon cœur. La fcience n'eft pas la vertu. Paul Apotre dit lui même dans fa premiére Epitre à Timothée, qu'il ne faut pas s'occuper des généalogies. Nous n'en ferons pas plus gens de bien, quand nous faurons précifément quels étoient les ayeux de Jofeph; dans quelle année Jesus vint au monde; & fi *Jaques* étoit fon frére, ou fon coufin germain." Que nous fervira d'avoir confulté tout ce qui nous refte des annales Romaines, pour voir fi en effet Auguste ordonna qu'on fit un dénombrement des peuples de toute la terre, quand Marie étoit enceinte de Jesus, quand *Quirinus* étoit Gouverneur de la Sirie, & qu'*Hérode* régnoit encore en Juée. *Quirinus,* que St. Luc appelle *Cirénius*, difent les Savants, ne fut Gouverneur de Sirie que dix ans après; ce n'étoit pas du temps d'*Hérode*; c'étoit du temps d'*Archelaüs*, & jamais Augufte n'ordonna un dénombrement de l'empire Romain.

Irons nous pénétrer dans les plus épaiffes ténèbres de l'antiquité, pour voir fi les ténèbres qui couvrirent toute la terre à la mort de Jéfus furent une éclipfe de foleil dans la pleine lune; fi un aftronome nommé *Phlégon*, que nous n'avons plus, a parlé de ce phénomène, ou fi quelque auteur a obfervé l'étoile des trois Mages. Ces difficultés peuvent occuper un antiquaire; mais en confumant un temps précieux a débrouiller ce cahos, il ne l'aura pas employé en bonnes œuvres; il aura plus de doutes que de pieté. Mes fréres, celui qui partage fon pain avec le pauvre vaut mieux que celui qui a comparé le texte Hébreu avec le Grec, & l'un & l'autre avec le Samaritain.

Ce qui ne regarde que l'hiftoire fait naitre mille difputes: Ce qui concerne nos devoirs, n'en fouffre aucune. Vous ne comprendrez jamais comment le Diable conduifit Dieu dans le défert; Comment il le tenta pendant quarante jours; comment il le tranfporta au haut d'une colline dont on découvroit tous les Royaumes de la terre. Le Diable qui offre à Dieu tous ces Royaumes, pourvu que Dieu l'adore, pourra révolter votre efprit; vous chercherez quel myftère eft caché fous ces paraboles & fous tant d'autres; votre entendement fe fatiguera en vain; chaque parole vous plongera dans l'incertitude & dans les angoiffes d'une curiofité inquiéte, qui ne peut fe fatiffaire. Mais fi vous vous bornez à la morale, cet orage fe diffipe, vous repofez dans le fein de la vertu.

JESUS vous a dit, comme *Moïfe* : *Aimez Dieu & votre prochain.* Il vous a dit, que c'eft là toute la Loi, que c'eft la tout l'homme. Qui ofera donc aller au-delà? Quel chrétien ofera impofer un joug que Jéfus n'a point impofé?

Je ne vous répéterai point ici combien de fois il nous a fait entendre que fon Royaume n'eft pas de ce monde, & combien de fois ceux qui se sont dit les premiers de ses suivants ont tout renversé, tout ensanglanté, pour dominer sur ce malheureux monde.

Vous savez mieux que moi quel funeste contraste tous les siécles ont vu entre l'humilité de JESUS, & l'orgueil de ceux qui se sont parés de son nom ; entre leur avarice, & sa pauvreté ; entre leurs débauches, & sa chasteté ; entre sa soumission, & leur sanguinaire tirannie.

De toutes ses paroles, mes fréres, j'avoue que rien ne m'a fait plus d'impression que ce qu'il répondit à ceux qui eurent la brutalité de le frapper avant qu'on le conduisit au supplice : *Si j'ai mal dit, rendez témoignage du mal ; & si j'ai bien dit, pourquoi me frappez vous ?* Voilà ce qu'ont dû dire tous les persécuteurs. Si j'ai une opinion différente de la votre, sur des choses qu'il est difficile d'entendre ; si je vois la miséricorde de Dieu, là où vous ne voulez voir que sa puissance ; si j'ai dit que tous les Disciples de Jésus étoient égaux, quand vous avez cru les devoir fouler à vos pieds ; si je n'ai adoré que Dieu seul, quand vous lui avez donné des affociés ; enfin fi j'ai mal dit en n'étant pas de votre avis, rendez témoignage du mal ; & fi j'ai bien dit, pourquoi m'accablez-vous d'injures & d'opprobres ? Pourquoi me pourfuivez - vous, me jettez - vous dans les fers, me livrez - vous aux tortures, aux flammes, m'infultez - vous encore après ma mort ? Hélas, fi j'avois mal dit, vous ne deviez que me plaindre & m'inftruire. Vous êtes furs que vous êtes infaillibles, que votre opinion eft divine ; que les portes de l'enfer ne pourront jamais prévaloir contre elle ; que toute la terre embraffera un jour votre opinion ; que le monde vous fera foumis. En quoi mon opinion peut elle donc vous nuire ? Vous ne me craignez pas, & vous me perfécutez ! Vous me méprifez, & vous me faites périr !

Que répondre, mes fréres, à ces modeftes & puiffants reproches ? Ce que répond le Loup à l'Agneau ; *Tu as troublé l'eau que je bois.* C'eft ainfi que les hommes fe font traités les uns les autres, l'Evangile & le fer à la main, prêchant le

défintéreffement, & acumulant des tréfors ;
annonçant l'humilité, & marchant fur les
têtes des Princes profternés ; recommandant
la miféricorde , & faifant couler le fang
humain.

Si ces barbares trouvent dans l'Evangile
quelque parabole dont le fens puiffe être
détourné en leur faveur , par quelque in-
terprétation frauduleufe ; ils s'en faififfent
comme d'une enclume fur laquelle ils for-
gent leurs armes meurtrières.

Eft il parlé de deux glaives fufpendus à
un plat fonds, ils s'arment de deux glaives
pour fraper. S'il eft dit qu'un Roi a tué
fes bêtes engraiffées, a forcé des aveugles
des éftropiés de venir à fon feflin , & a
jetté celui qui n'avoit pas fa robe nuptiale
dans les ténèbres extérieures ; eft - ce une
raifon, mes frères, qui les mette en droit
de vous enfermer dans des cachots comme
ce convive ; de vous disloquer les membres
dans les tortures , de vous arracher les yeux
pour vous rendre aveugles , comme ceux
qui ont été trainé à ce feflin ; de vous tuer,
comme ce Roi a tué fes bêtes engraiffées ?

C'eſt pourtant ſur de telles équivoques que l'on s'eſt fondé ſi ſouvent pour déſoler une grande partie de la terre.

Ces terribles paroles, *Je ne ſuis pas venu apporter la paix mais le glaive*, ont fait périr plus de Chrétiens, que la ſeule ambition n'en a jamais immolés.

Les Juifs diſperſés & malheureux ſe conſolent de leur abjection, quand ils nous voyent toujours oppoſés les uns aux autres, toujours en guerre ou publique ou ſecrette, perſécutés & perſécuteurs, oppreſſeurs & opprimés; ils ſont unis entre eux, & ils rient de nos querelles éternelles. Il ſemble que nous n'ayons été occupés que du ſoin de les venger.

Miſérables que nous ſommes, nous inſultons aux Payens, & ils n'ont jamais connu nos querelles théologiques; ils n'ont jamais verſé une goute de ſang pour expliquer un dogme; & nous en avons inondé la terre. Je vous dirai ſurtout dans l'amertume de mon cœur, JESUS a été perſécuté: Quiconque penſera comme lui, ſera perſécuté comme lui. Car enfin, qu'étoit JESUS aux yeux des hommes qui ne pouvoient certainement foupçonner fa divinité? C'étoit un homme de bien, qui, né dans la pauvreté, parloit aux pauvres contre les fuperftitions des riches Pharifiens; c'étoit le Socrate de la Galilée. Vous favez qu'il dit à ces Pharifiens: *Malheur à vous, guides aveugles, qui coulez le moucheron, & qui avalez le chameau! Malheur à vous, parce que vous nettoyez les dehors de la coupe & du plat, & que vous êtes au dedans pleins de rapines & d'impuretés!* (*)

Il les appelle fouvent, *Sépulcres blanchis, races de vipères:* Ils étoient pourtant des hommes conftitués en dignité. Ils fe vangérent par le dernier fupplice. *Arnaud de Brefcia, Jean Hus, Jérome de Prague* en dirent beaucoup moins des Pontifes de leurs jours, & ils furent fuppliciés de même. Ne choquez jamais la fuperftition dominante, fi vous n'êtes affez puiffants pour lui réfifter, ou affez habiles pour échaper à fa pourfuite. La fable de *Nôtre Dame de Lorrette* eft plus extravagante que toutes les métamor-

(*) *Matth. XXIII.*

phoſes d'*Ovide*, il eſt vrai : Le miracle de *San - Gennaro* à Naples eſt plus ridicule que celui d'*Egnatia* dont parle Horace , j'en conviens ; mais dites hautement à Naples, à Lorrette ce que vous penſez de ces abſurdités, il vous en coutera la vie. Il n'en eſt pas ainſi chez quelques nation plus éclairées : Le peuple y a ſes erreurs, mais moins groſſières; & le peuple le moins ſuperſtitieux eſt toujours le plus tolérant. Rejettons donc toute ſuperſtition , afin de devenir plus humains ; mais en parlant contre le fanatiſme n'irritons point les fanatiques ; ce ſont des malades en délire, qui veulent battre leurs médecins. Adouciſſons leurs maux, ne les aigriſſons jamais, & faiſons couler goute à goute dans leur ame ce baume divin de la tolérance , qu'ils rejetteroient avec horreur, ſi on le leur préſentoit à pleine coupe.

F I N.

www.ingramcontent.com/pod-product-compliance
Lightning Source LLC
LaVergne TN
LVHW012225170726
843503LV00005B/2283